BEI GRIN MACHT SICH IHR WISSEN BEZAHLT

- Wir veröffentlichen Ihre Hausarbeit, Bachelor- und Masterarbeit

- Ihr eigenes eBook und Buch - weltweit in allen wichtigen Shops

- Verdienen Sie an jedem Verkauf

Jetzt bei www.GRIN.com hochladen und kostenlos publizieren

GRIN

Internationales HR-Management. Wie unterscheiden sich nationale und internationale Employer Brands?

Carina Hörnle

Bibliografische Information der Deutschen Nationalbibliothek:

Die Deutsche Nationalbibliothek verzeichnet diese Publikation in der Deutschen Nationalbibliografie; detaillierte bibliografische Daten sind im Internet über http://dnb.d-nb.de abrufbar.

ISBN: 9783346571533
Dieses Buch ist auch als E-Book erhältlich.

Druck und Bindung: Books on Demand GmbH, Norderstedt Germany
Gedruckt auf säurefreiem Papier aus verantwortungsvollen Quellen

Das vorliegende Werk wurde sorgfältig erarbeitet. Dennoch übernehmen Autoren und Verlag für die Richtigkeit von Angaben, Hinweisen, Links und Ratschlägen sowie eventuelle Druckfehler keine Haftung.

Das Buch bei GRIN: https://www.grin.com/document/1163081

SEMINAR INTERNATIONALES HR MANAGEMENT

Wissenschaftliche **Arbeit** **zum** **Thema**
„Personalmarketing: Wie unterscheiden sich nationale und **in-**
ternationale Employer Brands?"

IU Internationale Hochschule
Personalmanagement (M.A.)
Eingereicht von: Carina Hörnle
Eingereicht am: 19.11.2021

I. Inhaltsverzeichnis

II.   Abbildungsverzeichnis

III. Abkürzungsverzeichnis

EVP   -   Employer Value Proposition

HCM   -   Human Capital Management

HR   -   Human Resources

i. d. R.   -   in der Regel

1. Einleitung

1.1 Problemstellung

„Man kann nicht nicht kommunizieren." (Paul Watzlawick) Das Zitat des österreichischen Kommuni-kationswissenschaftlers lässt sich auf viele Lebensbereiche übertragen, insbesondere auf das Employer Branding. Ob bewusst oder unbewusst, Unternehmen kommunizieren Botschaften nach außen, selbst dann, wenn sie noch nicht einmal auf sich als Unternehmen aufmerksam machen wollen. Die Art des nicht Kommunizierens, kann bei den Bewerbern den Anschein wecken, dass Unternehmen kein Interesse an den Bewerbern haben und sie nicht in die Entwicklung miteinbezo-gen werden. Damit, dass nicht der Fall ist, setzen immer mehr Unternehmen darauf, eine starke Arbeitgebermarke zu formen, dass die Präferenzen des Unternehmens an die gewünschte Ziel-gruppe herantragen soll. (Knabenreich 2014) Vor allem in den letzten Jahren hat das Employer Branding, bedingt durch den demografischen Wandel, zunehmend an Bedeutung gewonnen. Unter-nehmen sind nicht mehr in der Lage ihre Kandidaten aus der Masse herauszusuchen. Sie müssen vielmehr Überzeugungsarbeit leisten und Anreize schaffen, um Kandidaten für sich zu gewinnen. (Immerschitt, Stumpf 2019, S.V) Durch die wachsenden Herausforderungen wie die Globalisierung, kürzere Innovations- und Produktlebenszyklen sowie die steigenden Anforderungen der Konsumen-ten sind Unternehmen auf hochqualifizierte Mitarbeiter mehr denn je angewiesen, um am Wettbe-werb zu bestehen. Im Zuge der wachsenden Herausforderungen können Unternehmen weder ausreichend qualifizierte Fachkräfte im eigenen Land anwerben, noch halten, weshalb die Suche nach geeignetem Personal über die Landesgrenzen hinausgehen muss – Employer Branding findet dann nicht mehr nur lokal, sondern auch global statt. Doch welche Schwierigkeiten ergeben sich im internationalen Kontext? Wie unterscheiden sich nationale und internationale Employer Brands? Vor allem die individuellen Standortbedingungen und kulturellen Einflüsse spielen bei diesem Thema eine wesentliche Rolle. (Melde, Benz 2014, S.5)

1.2 Motivation und Zielsetzung

Motivation und Zielvorsetzung der vorliegenden Arbeit ist es, das Thema Employer Branding vorzu-stellen sowie durch Aufzeigen kultureller Einflüsse der jeweiligen Länder die Unterschiede nationaler und internationaler Employer Brands herauszuarbeiten. Durch die demografische Entwicklung wird es für Unternehmen immer wichtiger sich als Arbeitgeber von der Konkurrenz abzuheben. Dadurch dass der Fachkräftemangel nicht nur auf lokaler Ebene zu finden ist, müssen Unternehmen zuneh-men auch internationale Fachkräfte akquirieren. Aus dem Kontext ergeben sich weitere Teilfragen, auf die im Rahmen dieser Arbeit eingegangen wird:

- Was ist eine Employer Brand?
- Wie definiert sich der Begriff Employer Branding?
- Welche Funktionen und Ziele werden dabei verfolgt?

- Wie funktioniert Employer Branding auf nationaler Ebene?
- Welche kulturellen Herausforderungen ergeben sich im internationalen Kontext?
- Wie unterscheiden sich diverse Länder hinsichtlich ihrer Kulturen?

1.3 Vorgehen

Die vorliegende Arbeit gliedert sich in zwei Teile. Im Vorfeld werden die Grundlagen des Employer Branding aufgeführt, wobei Begriffsbestimmungen in das Thema einleiten sollen. Im weiteren Verlauf werden die Funktionen, Ziele wie auch das Vorgehen im Employer Branding vorgestellt, um einen umfassenden Überblick über den Prozess zu gewähren. Nach einer allgemeinen Annäherung der Thematik stellt sich die vorliegende Arbeit der Frage, wie sich nationale und internationale Employer Brands unterscheiden. Dabei steht vor allem das internationale Employer Branding mit seinen kulturellen Herausforderungen im Vordergrund. Abschließend wird im Rahmen des Fazits aufgeführt, wie sich nationale und internationale Arbeitgebermarken differenzieren.

2. Grundlagen des Employer Branding

Um ein fundamentales Verständnis zum Thema Employer Branding zu generieren, werden im folgenden Kapitel die Begriffe Employer Brand und Employer Branding definiert sowie die Funktionen und Ziele näher erläutert. Abgerundet wird das Kapitel durch eine kurze Darstellung des Employer-Branding-Kreislaufs.

2.1 Begriffsbestimmungen

2.1.1 Employer Brand

Der Begriff „Employer Brand" stammt aus dem Englischen und bedeutet in unsere Sprache übersetzt Arbeitgebermarke. Marken dienen dazu, ein Image zu kommunizieren, das bestimmte Werte wie Tradition, Natürlichkeit, Qualität und Ähnliches vermittelt. Vorzugsweise jüngere Generationen legen großen Wert auf Marken, weshalb sie auch bei der Wahl des künftigen Arbeitgebers nicht auf ein „No-Name" setzen wollen. In den letzten Jahren hat sich die Arbeitgebermarke neben der Unternehmensmarke etabliert. (Immerschitt, Stumpf 2019, S.35-37) Im Rahmen des Employer Branding bedeutet eine starke Arbeitgebermarke, die Kernwerte eines Unternehmens klar und spezifisch herauszuarbeiten und diese in das Bewusstsein der Beschäftigten zu bringen. Die Employer Brand verfolgt das Ziel, ein unverwechselbares Bild von einem Unternehmen als attraktiven Arbeitgeber zu erzeugen und sich in den Köpfen von potenziellen sowie aktuellen Mitarbeitern zu verankern. (Kriegler 2008) Die Einzigartigkeit des Unternehmens als Arbeitgeber sowie die Unterscheidung von diversen Mitbewerbern stehen dabei im Fokus. Mithilfe der Employer Brand versuchen sich Arbeitgeber am Markt zu differenzieren und eine Antwort darauf zu geben, warum qualifizierte, hoch motivierte Arbeitsuchende sich für dieses eine Unternehmen entscheiden sollen. Durch erzeugte Bilder basierend auf Inhalten, die zum Unternehmen oder den Produkten passen, wird die gewünschte Zielgruppe angesprochen. Aufgrund divergierender Erwartungen und Bedürfnisse ist eine differenzierte und individuelle Auseinandersetzung mit den Zielgruppen notwendig. (Immerschitt, Stumpf 2019, S.38) Die Methode zum Aufbau einer glaubwürdigen und positiven Arbeitgebermarke ist Employer Branding. (Kriegler 2008)

2.1.2 Employer Branding

Der Begriff „Employer Branding" setzt sich aus den beiden englischen Wörtern „employer" (Arbeitgeber) und „branding" (Markenbildung) zusammen und meint damit den Prozess der Arbeitgebermarkenbildung. Als strategische Maßnahme des Personalmanagements bezeichnet es die Gestaltung und Führung einer starken Arbeitgebermarke. (Nelke, Fischer 2018, S.23) Hinter dem Begriff verbirgt sich die Idee, Ansätze der Markenbildung, wie sie im Marketing und strategischen Management bekannt sind, auf die Mitarbeitergewinnung zu übertragen und angesichts der Entwicklung eines Unternehmens hin zum attraktiven Arbeitgeber auch die Aspekte der Mitarbeiterführung, Führungskultur und äußere Rahmenbedingungen mit einfließen zu lassen. (Personalwirtschaft 2021) Seit den späten 1990er-Jahren ist das Employer Branding ein gängiger Begriff in der Literatur, der auf verschiedenste Art und Weise definiert wird. Stotz und Wendel-Klein (2013, S.8) beschreiben die Arbeitgebermarkenbildung wie folgt: „Employer Branding ist ein Teil des strategischen HCM [Human Capital Management], bei dem das Besondere des Unternehmens als Arbeitgeber erarbeitet, operativ umgesetzt und nach innen sowie außen kommuniziert wird." (Nelke, Fischer 2018, S.23) Ähnlich definiert die Deutsche Employer Branding Akademie (DEBA) den Begriff: „Employer Branding meint die identitätsbasierte, intern wie extern wirksame Positionierung eines Unternehmens als glaubwürdiger und attraktiver Arbeitgeber." (DEBA 2021) Stotz und Wendel-Klein orientieren sich bei ihrer Begriffsbestimmung an derjenigen der DEBA, ergänzen sie aber um den Aspekt, dass das Employer Branding ein Teil des strategischen HCM ist. (Stolz, Wendel-Klein 2013, S.8) Beide Interpretationen haben den Aufbau und die Pflege einer attraktiven Arbeitgebermarke (Employer Brand) sowie den Aspekt der internen und externen Kommunikation gemeinsam. Damit machen die Autoren klar, dass das Employer Branding für die Positionierung und Kommunikation eines Unternehmens als attraktiver Arbeitgeber am Markt verantwortlich ist, wobei die Employer Brand in komprimierter Form die Botschaft vermittelt, wofür das Unternehmen als Arbeitgeber steht.

2.2 Funktionen und Ziele

In Zeiten des zunehmenden Fachkräftemangels erweist sich das Employer Branding für Unternehmen als geeignete Strategie, um über ausreichend Beschäftigte zu verfügen. (Nelke, Fischer 2018, S.27) Wie bereits in der Definition aufgeführt, richtet sich das Employer Branding einerseits an bestehende Mitarbeiter, wirkt andererseits aber auch als Marke auf potenzielle Bewerber. Eine positive Wirkung soll durch das Employer Branding sowohl nach innen als auch nach außen erzielt werden. Arbeitgebermarken haben aus Unternehmenssicht eine ganze Reihe an Funktionen, wobei die Profilierungs- und Differenzierungsfunktion, die Rekrutierungsfunktion und die Bindungsfunktion die zentralsten Funktionen darstellen. Die Profilierungs- und Differenzierungsfunktion dient dazu, dass sich die Organisation als Arbeitgeber in den Köpfen potenzieller und bestehender Mitarbeiter möglichst positiv verankert. (Walter, Kremmel 2016, S.6) Die Beschäftigten sollen eine emotionale Beziehung zu ihrem Unternehmen aufbauen, durch die sowohl die Qualität als auch die Produktivität der Beschäftigten gesteigert wird. (Kanning 2017, S.134) Durch Employer Branding-Maßnahmen ist es möglich, die Vorstellungen, die mit dem Unternehmen in Verbindung gebracht werden, aktiv zu beeinflussen und sich damit bewusst durch die Employer Brand von anderen Wettbewerbern zu differenzieren. Eine klare und unverwechselbare Employer Brand kann darüber hinaus maßgeblich zum Rekrutierungserfolg beitragen, weshalb dem Employer Branding auch die Funktion der Rekrutierung zukommt. Im besten Fall werden mehr Bewerbungen generiert und qualitativ hochwertige Bewerbungen angezogen, woraus zugleich Wettbewerbsvorteile entstehen können. Bessere Mitarbeiter erreichen eine höhere Produktivität, mehr Innovationen oder eine höhere Quote an Kundenzufriedenheit. Letztere Funktion, die Bindungsfunktion, soll die bestehende Belegschaft emotional an das Unternehmen binden, woraus eine geringere Fluktuation resultiert. (Walter, Kremmel 2016, S.6) In Folge werden Mitarbeiter Einsatzbereitschaft zeigen und ein positives Image nach außen tragen. Ziel des Employer Branding ist es demnach, die Attraktivität als Arbeitgeber bei potenziellen wie auch bei bereits Beschäftigten zu erhöhen. Das Unternehmen soll als Arbeitgeber attraktiv und möglichst einzigartig erscheinen und dadurch die Rekrutierungsqualität verbessern. Gleichzeitig zielt das Employer Branding darauf ab, die Motivation und Leistungsbereitschaft der im Unternehmen Beschäftigten zu steigern und die Bindung derer an das Unternehmen zu erhöhen. (Kanning 2017, S.134) Um diese Ziele zu erreichen, muss eine Employer Brand Einzigartigkeit, Einheitlichkeit und Authentizität als wesentliche Eigenschaften aufweisen. (Konschak 2014, S.39)

2.3 Entwicklung einer Employer Brand anhand des Employer-Branding-Kreislaufs

In Zusammenarbeit mit anderen Unternehmensbereichen arbeiten HR-Manager i. d. R. an der Employer-Branding-Strategie. (Haufe 2021) In der folgenden Abbildung werden die vier Phasen, die zum Aufbau einer solchen Strategie notwendig sind, dargestellt.

Abbildung 1: Employer-Branding-Kreislauf (eigene Darstellung)

Grundlage für jede Employer Branding-Strategie ist die Definition der Zielgruppe. Im Hinblick auf Berufserfahrung, Funktionsbereich, Fach- und Studienrichtung, Abschluss, Interessen, Einstellungen und Anliegen können idealtypische Profile von potenziellen Kandidaten herausgearbeitet werden. Welche Mitarbeiter möchte das Unternehmen anwerben? Welche Kompetenzen sollten potenziell Beschäftigte mitbringen? Welche Fachrichtungen sind für das Unternehmen von besonderer Relevanz? Welche Charaktere passen zur Unternehmenskultur? All diese Fragen sollten im ersten Schritt beantwortet werden. Ist die Zielgruppe definiert, gilt es für das Unternehmen herauszufinden, wie diese Menschen am besten erreicht werden können und welche Botschaften zu dieser Personengruppe passt. (Nelke, Fischer 2018, S.47-51)

Nachfolgend beginnt mit der Analysephase die Entwicklung der Employer Brand. Dabei sollte das eigene Unternehmen, seine Arbeitgebereigenschaften wie auch Wettbewerber und die identifizierte Zielgruppe genauer analysieren. Als Arbeitgebereigenschaften gelten Angebote wie Entlohnung, Work-Life-Balance, Karrieremöglichkeiten, aber auch die Persönlichkeit sowie der Zusammenhalt der Mitarbeiter. Befragungen der Mitarbeiter, Einzel- wie auch Gruppeninterviews dienen der Erarbeitung von Arbeitgebereigenschaften. In diesem Zuge sollte das Unternehmen das aktuelle Arbeitgeberimage überprüfen. Wie sehen die Kandidaten das Unternehmen heute? Was verbinden sie mit dem Unternehmen? Somit ist ein schneller Abgleich der Eigen- und Fremdwahrnehmung möglich. Im besten Fall kann das Unternehmen weitere Assoziationen aufgreifen, die sich nicht aus der internen Analyse ergeben. Abschließend findet die Analyse der Präferenzen statt, die die identifizierte Zielgruppe sich wünscht. Gleichzeitig sollte das Unternehmen die wichtigsten Konkurrenten filtern und dessen Arbeitgeberpräferenzen prüfen. Aus den Analyseergebnissen erfolgt im nächsten Schritt die Ausarbeitung der Employer Branding-Strategie. Diese orientiert sich dabei an den einzigartigen Unternehmereigenschaften, die eine Differenzierung gegenüber den Wettbewerbern darstellt. Die sogenannte EVP wird aufgesetzt. Nach Abschluss der strategischen Schritte erfolgt die Umsetzung der entwickelten Strategie. (Haufe 2021)

3. Internationales Employer Branding

Der Fachkräftemangel ist kein Phänomen, dass sich auf eine Nation beschränken lässt. Fast jedes Management kämpft um gute Mitarbeiter, weshalb das internationale Employer Branding zunehmend an Bedeutung gewinnt und die Bildung einer Arbeitgebermarke als Lösungsweg bei der Rekrutierung jenseits der Landesgrenzen angesehen wird. (Crosswater Job Guide 2010; Osman 2017) Global agierende Unternehmen stehen vor der Herausforderung, kulturell unterschiedliche Zielgruppen anzusprechen und sich in „leer gefischten" Arbeitsmärkten als attraktiver Arbeitgeber zu positionieren. (Osman 2017) Um das internationale Employer Branding zu verstehen, werden in Kapitel drei die Ansätze des internationalen Employer Branding sowie die kulturellen Herausforderungen gegenüber einer nationalen Employer Brand aufgeführt.

3.1 Ansätze des internationalen Employer Branding

In Kapitel 2 wurde bereits aufgeführt, was unter Employer Branding zu verstehen ist und wie sich der Aufbau einer attraktiven Arbeitgebermarke gestaltet. Doch was sich bereits im nationalen Kontext als höchst komplex erweist, gestaltet sich im internationalen Kontext noch einmal komplizierter. (Osman 2017) Wird ein Unternehmen auf internationalen Märkten aktiv, führt das aufgrund vielfältiger kultureller Besonderheiten zu einer Änderung des Markenverständnisses. (Lukasczyk 2012, S.95) Für die Entwicklung einer globalen Arbeitgebermarke muss zunächst entschieden werden, welches Ziel das Unternehmen mit der Employer Brand anstrebt. Präsentiert es sich weltweit einheitlich oder angepasst an die lokalen Gegebenheiten. Unternehmen können ihre Arbeitgebermarke regional, national oder international ausrichten. Wichtig dabei ist, wie stark das Unternehmen über seine kommunizierte Unternehmensmarke identifiziert werden möchte und ob möglicherweise regionale Anpassungen der Marke erfolgversprechender sein können. (Melde, Benz 2014, S.25) Eine internationale Marke verspricht mehr Konsistenz, allerdings kann es vorkommen, dass sich Beschäftigte vor Ort, aufgrund unterschiedlicher Werte, nicht in der Marke wiederfinden. (Personalwerk 2021) In der internationalen Markenführung gibt es drei Formen, mit denen sich eine globale Arbeitgebermarke erfolgreich etablieren lässt: der globale, der lokale und der polyzentrische Ansatz. Der globale Ansatz bedeutet eine zentrale Markenbildung ohne lokale Orientierung. Die Arbeitgebermarke wird von der Unternehmenszentrale vorgegeben, die die lokale Orientierung der Marke ignoriert. Lokale emotionale Verständnisverluste werden bewusst in Kauf genommen. Beim lokalen Ansatz wird der Markenbildungsprozess den lokalen Einheiten überlassen. Jede Niederlassung schafft eine eigene Arbeitgebermarke unter Berücksichtigung der jeweiligen Kulturen und Werte im Land. Beim polyzentrischen Ansatz hingegen schafft das Unternehmen eine internationale Markenidentität. Das Unternehmen tritt dabei einheitlich auf, wofür eine einzige Arbeitgebermarke verwendet wird. (Melde, Benz 2014, S.25)

3.1.1 kulturelle Herausforderungen

Die Entwicklung einer internationalen Employer Brand ist ein komplexer Prozess, der viele Fragen aufwirft. Wie werden internationale Märkte mithilfe einer Arbeitgebermarke erobert? Welche Bedeutung und welchen Stellenwert haben kulturelle Einflüsse? Welche markenrechtlichen Aspekte müssen international beachtet werden? Wie stark muss die Marke standardisiert werden und wie viel Flexibilität ist zulässig? (Lindberg 2017, S.150) Besonders kulturelle Unterschiede sind zu berücksichtigen, um Kandidaten aus der ganzen Welt für sich begeistern und gewinnen zu können. (Osmann 2017) Häufig liegt der Versuch global agierender Unternehmen darin, die bereits etablierte Arbeitgebermarke ihres Herkunftslandes in andere Nationen zu übertragen. (Personalwerk 2021) Auch wenn eine Employer Brand strategisch entwickelt und attraktiv für die gewünschte Zielgruppe positioniert ist, können multikulturelle Verschiedenheiten, differente Systeme der Ausbildung sowie unterschiedliche gesellschaftliche Rahmenbedingungen zu Missverständnissen führen und den gewünschten Erfolg der internationalen Arbeitgebermarke blockieren. Die weltweit kulturellen Besonderheiten der potenziellen Arbeitnehmer sowie variierende Arbeitgeberpräferenzen stellen eine Herausforderung für den internationalen Kontext dar. Prestige, Bekanntheit, Erfolg und Marktanteil eines Unternehmens besitzen je nach Land einen unterschiedlichen Stellenwert. In Deutschland findet man immer mehr Unternehmen, die eine familiäre Kultur bevorzugen und bei denen die Ansprache in Du-Form stattfindet. Aufgrund der strengen Trennung von Beruf und Familie ist es in Mittelamerika beispielsweise weithin verpönt, ein Unternehmen und dessen Belegschaft als Familie zu repräsentieren. (Personalwerk 2021; Melde, Benz 2014, S.25)

Feedback und Sprache der Arbeitnehmer umfassen ebenfalls zwei Bereiche, in denen sich deutliche Kulturunterschiede abzeichnen. Bei negativen Rückmeldungen stellen Europa und Asien eine regelrechte Diskrepanz dar. Im europäischen Raum werden Probleme offen kommuniziert, während im asiatischen Raum negative Mitteilungen in positiv formulierte Botschaften verpackt werden. Um diese indirekten Aussagen richtig zu verstehen und zu bewerten, bedarf es viel Erfahrung und Verständnis für andere Kulturen. Auf sprachlicher Ebene findet eine Differenzierung von Low-Context und High-Context-Kulturen statt. In Low-Context-Kulturen, wie in USA, Kanada und Deutschland werden Informationen in einfacher und direkter Sprache ausgedrückt. In Kulturkreisen, in denen eine High-Context-Kommunikation vorherrscht, wie in Asien, kommuniziert man hingegen indirekter, weshalb ein klares Nein oder das Ablehnen bestimmter Sachverhalte zu vermeiden ist. Informationen werden nicht nur durch Worte, sondern auch durch nonverbale Signale übermittelt, wobei Status, Alter und Geschlecht eine Rolle spielen. (Roters 2020) Bei Firmenlogos oder Karriere- und Unternehmenswebseiten muss beachtet werden, dass auch die Bedeutung der Farben je nach Land variieren. Wo in Europa die Farbe Rot für Liebe, Gefahr oder Wut steht, symbolisieren sie in China Sommer und Glück. Um Authentizität und Glaubwürdigkeit zu vermitteln, sollten Wortwahl, Bilder und EVP dem kulturellen Umfeld entsprechen. Voraussetzung für die Entwicklung einer internationalen Arbeitgebermarke ist deshalb, möglichst viele Zielgruppen weltweit zu berücksichtigen und eine Botschaft zu schaffen, die in allen Ländern evident und erfolgreich ist. Doch wie definiert sich der Begriff Kultur und warum bestehen überhaupt kulturelle Unterschiede zwischen den Ländern? Einer der bekanntesten Vertreter kultureller Wertorientierung im Management ist Geert Hofstede. Basierend auf statistischen Auswertungen lieferte er eine Grundlage für den Forschungsbereich interkultureller Kommunikation und Zusammenarbeit. Im Mittelpunkt steht bei ihm der Einfluss national-kultureller Unterschiede sowie Chancen und Probleme der global wachsenden Arbeitskultur. (Towers, Peppler 2017, S.15-16) Seine Aufmerksamkeit richtete er auf kulturelle Unterschiede, die sich auf verschiedene Weise manifestieren. Anhand des in Abbildung 2 dargestellten Zwiebelmodells, wird der Gesamtzusammenhang an vier Kategorien dargestellt.

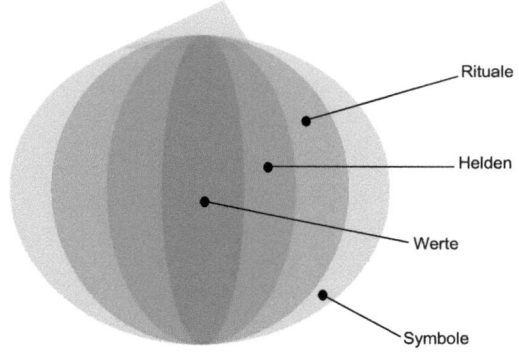

 Rituale

Helden

Werte

Symbole

Abbildung 2: Kulturzwiebel (eigene Darstellung in Anlehnung an Hofstede, Hofstede, Minkov 2017, S.21)

Werte bilden den Kern der Kulturen und bezeichnen die Neigung, bestimmte Umstände anderen vorzuziehen. Die drei weiteren Schichten, ausgehend vom Kern bilden sich durch Rituale, Helden und Symbole. Rituale können Formen des Grüßens sein oder festgelegte Gesten der Freundlichkeit. Bei Japanern gilt beim ersten Kennenlernen, anders als bei Südeuropäern, körperliche Distanz.
Helden sind Personen, die Verhaltensvorbilder darstellen. Selbst Fantasie- oder Comicfiguren dienen als kulturelle Helden, die je nach Land variieren. In Frankreich ist es Asterix, in den Niederlanden Mr. Bumble. Sie besitzen Eigenschaften, die in einer Kultur hoch angesehen sind.
Die äußerste Schicht, die Symbole, können Worte, Gesten, Bilder oder Objekte sein, die eine bestimmte Bedeutung im jeweiligen Land haben. Ebenso gehören dazu Kleidung, Flaggen und Statussymbole. (Hofstede, Hofstede, Minkov 2017, S.20-22) Demzufolge definiert sich der Begriff Kultur durch gesellschaftliche und individuelle Gewohnheiten wie auch Regeln und Verhaltensweisen, die über einen längeren Zeitraum angeeignet werden und das Zusammenleben der Menschen unter einem gemeinsamen Gefüge von Werten bestimmt. (Fichter, Basel, Keller 2018) Aufgrund dieser differenten Bedürfnisse und Ansprüche des jeweiligen Landes stoßen Unternehmen mit der internationalen Arbeitgebermarkenbildung schnell an ihre Grenzen. (Personalwerk 2021)

3.1.2 Kulturdimensionen nach Hofstede am Beispiel von China, Deutschland und den USA

Um Kultur objektiv greifbar zu machen und zugrundeliegende Werte in den Ländern zu erfassen, liefert Geert Hofstede einen umfassenden Ansatz: das Modell der Kulturdimensionen. Als einer der ersten Forscher untersuchte er auf Basis von durchgeführten Studien die Beeinflussung von kulturellen Aspekten auf Verhaltensweisen und Denkmuster am Arbeitsplatz. (Towers, Peppler 2017, S.15) Insgesamt nennt er sechs Dimensionen, die für die Bildung einer Kultur essenziell sind. Jede Dimension wird dabei individuell bewertet, um kulturelle Gemeinsamkeiten und Unterschiede herauszuarbeiten. (Melde, Benz 2014, S.25) Um dies zu verdeutlichen, werden nachfolgend die drei Länder China, Deutschland und die USA einer Bewertung der sechs Dimensionen unterzogen.

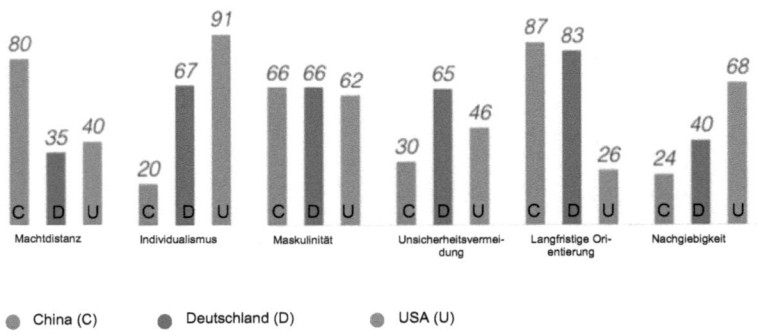

Abbildung 3: Die Kulturdimensionen nach Hofstede am Beispiel China, Deutschland und USA. (Hofstede Insights 2021)

Die erste Dimension von Hofstede beschreibt die Akzeptanz der Machtverteilung innerhalb der jeweiligen Kultur. Länder mit hoher Machtdistanz akzeptieren starke Hierarchien, während Länder mit niedriger Machtdistanz durch flache Hierarchien gekennzeichnet sind. Beschäftigte wollen bei niedriger Machtdistanz in Entscheidungen einbezogen werden und begegnen sich auf Augenhöhe. (Towers, Peppler 2017, S.16) Wie aus dem Ländervergleich in Abbildung 3 zu entnehmen ist, erzielt China bei dieser Dimension den höchsten Wert. Ungleichheit, bei dem ein Untergeordneten-Vorgesetzten-Verhältnis herrscht, gilt im Land als akzeptabel. Innerhalb der Organisationen treffen Führungskräfte Entscheidungen, denen nicht widersprochen werden sollte. Anders sieht die Machtverteilung in Deutschland (35) und den USA (40) aus. Dort sind Mitbestimmungsrechte umfangreich und müssen im Unternehmen berücksichtigt werden. (Hofstede Insights 2021) Individualismus stellt die zweite Dimension in Hofstedes Modell dar, das den Individualisierungsgrad einer Gesellschaft bewerten soll. Definiert sich das Selbstbild der Menschen als „Ich" (hoher Wert) oder fühlt man sich einer Gruppe als „Wir" (niedriger Wert) zugehörig? USA (91), gefolgt von Deutschland

(67), erzielt in der Studie den höchsten Wert. In beiden Ländern besteht ein starker Glaube an das Ideal der Selbstverwirklichung, das auf eine individualistische Gesellschaft schließen lässt. Die Kommunikation zählt bei beiden zu einer der direktesten Formen der Welt. Es wird nach dem Ideal „ehrlich sein, auch wenn es wehtut" gehandelt, um dem Gegenüber eine Chance zu geben, aus Fehlern lernen zu können. China weist mit seinem niedrigen Wert (20) eine stark kollektivistische Kultur auf, die die individuellen Interessen, denen der Gesellschaft unterordnet. Loyalität spielt eine wesentliche Rolle. (Hofstede Insights 2021)

Maskulinität, mit dem Hofstede eine weitere Kulturdimension umschreibt, zeigt Verhaltensweisen und Antriebsmuster einer Gesellschaft auf. Eine hohe Punktzahl deutet auf maskuline Werte wie Dominanz, Leistung und Anerkennung hin. Feminine Werte, die sich durch niedrige Zahlen ausdrücken, definieren Werte wie Kooperation, Fürsorglichkeit oder Gleichstellung. (Towers, Peppler 2017, S.16) Wie aus Abbildung 3 zu entnehmen ist, gelten alle drei Länder als eine typisch maskuline Gesellschaft, in der Leistung sehr geschätzt und frühzeitig gefordert wird.

Die Reaktion einer Gesellschaft auf unvorhersehbare Situationen sowie der Umgang mit der ungewissen Zukunft beurteilt die Dimension der Unsicherheitsvermeidung. Wie gehen verschiedene Kulturen damit um? Versuchen sie die Zukunft zu kontrollieren oder lassen sie sie einfach passieren? Der Wunsch nach Regeln und Sicherheit wird in Ländern, die gegenüber einer ungewissen Zukunft negativ eingestellt sind, stärker. Ist die Gesellschaft jedoch positiv auf Veränderungen gestimmt, wird sie risikobereiter sein diese sowie Unsicherheiten zu akzeptieren. (Towers, Peppler 2017, S.16) Deutschland gehört zu den Ländern, die Unsicherheiten eher vermeiden. Der Wert 65 liegt im oberen Bereich, weshalb Unsicherheitsvermeidung leicht bevorzugt wird. Die USA schneidet in der Dimension mit einem niedrigeren Wert ab. Die Akzeptanz für neue Ideen, innovative Produkte sowie die Bereitschaft neues auszuprobieren ist sehr hoch, trotz der Unsicherheit, mit denen die Veränderungen einhergehen. China erreicht einen Wert von 30, was bedeutet, dass sie am risikobereitesten von allen sind. (Hofstede Insights 2021)

Ob Beschäftigte einer Kultur eher lang- oder kurzfristig handeln, ergibt sich aus der zweit letzten Dimension. Die langfristige Ausrichtung wird definiert durch einen hohen, während die kurzfristige Ausrichtung durch einen niedrigen Wert definiert wird. (Towers, Peppler 2017, S.16) Langfristig orientiert sind China und Deutschland, dessen Werte bei 87 und 83 Punkte liegen. Amerikaner hingegen messen ihre Leistungen kurzfristig, weshalb Amerika in der fünften Dimension eine Bewertung von 26 erzielt. Anders als in China und Deutschland liegt die Tendenz in Amerika im schnellen Realisieren von Ergebnissen. Die letzte Dimension „Nachgiebigkeit" beschäftigt sich mit den Bedürfnissen und persönlichen Wünschen der Gesellschaft. Wie stark sollen Belohnung und Befriedigung der menschlichen Bedürfnisse reguliert werden? China ist eine zurückhaltende Gesellschaft, wie die niedrige Punktzahl von 24 zeigt. Auch die deutsche Kultur ist eher zurückhaltend. Die Vereinigten Staaten hingegen gelten als sehr nachsichtige Kultur. (Hofstede Insights 2021)

Wie anhand der Bewertung zu erkennen ist, erweist sich die Gestaltung einer übergreifenden Employer Brand als Herausforderung. Eine einzige Arbeitgebermarke für alle Länder ist aufgrund der

Differenzen ein nicht zu erreichendes Ziel, weshalb bei der Erstellung eines Konzeptes bereits im Vorfeld entschieden werden sollte, ob man eine einheitliche oder adaptive Strategie für seine internationale Arbeitgebermarke wählt. (Personalwerk 2021)

3.2 Internationales Employer Branding: Die Problemlösungsstrategie

Entscheiden sich Unternehmen für einen internationalen Markenauftritt, ist die Spannbreite an Kunden, Einstellungen und Bedürfnissen, die die Marke abdecken muss, wesentlich größer und das internationale Management komplexer als bei einer nationalen Employer Brand. Der Vergleich in 3.1.2 zeigt auf, dass weltweit unterschiedliche kulturelle Besonderheiten der potenziell Beschäftigten sowie differente Arbeitgeberpräferenzen einen „One-Fits-All"[1] Ansatz nicht zulassen. Die Strategie, um diese Schwierigkeit zu umgehen, liegt in der Schaffung einer Marke, dessen Markenkern eine feste Botschaft enthält, aber je nach Region, ein flexibles Auftreten zulässt. Es geht um die Frage, wie stark eine Marke weltweit standardisiert werden muss und wie viel Flexibilität in unterschiedlichen Märkten zugelassen werden kann, damit die Beschäftigten sich mit der Arbeitgebermarke identifizieren können und diese noch als einheitlich wahrgenommen werden kann. Die wichtigste Aufgabe ist es, die richtige Balance zwischen globaler Konsistenz und regionaler Vielseitigkeit in einer sich rasant verändernden Welt zu finden. (Lindberg 2017, S.151) Der Fokus des internationalen Employer Branding besteht darin, die internationale Arbeitgebermarke an regionale und lokale Gegebenheiten anzupassen, denn regionale und lokale Bewerberkultur wird immer bedeutsamer. (Melde, Benz 2014, S.25) Für die Ermittlung einer internationalen Employer Brand gilt es zunächst festzustellen, welche kulturellen Unterschiede es gibt und woran die Mitarbeiter der jeweiligen Länder einen attraktiven Arbeitgeber festmachen. Die Ergebnisse liefern die Basis für die Entwicklung der EVP, die je nach Standort anders ausgelegt werden kann. (Osman 2017) Die Ansprache über Kommunikationsmittel muss individuell angepasst werden. Zu berücksichtigt gilt es, ob die Ansprache in High-Context-Kulturen oder in Low-Context-Kulturen stattfindet. Aufgrund der Komplexität und des hohe Abstimmungsbedarfs bei der Entwicklung einer internationalen Arbeitgebermarke, findet man in der Praxis häufig internationale Unternehmen, die eine globale Arbeitgebermarke entwickeln und lokalen Standorten gewisse Freiräume bei der Umsetzung einräumen. Obwohl das Thema Employer Branding seit langer Zeit in wissenschaftlicher Literatur behandelt wird, gibt es noch keine eindeutige Lösung für die globale Anpassung einer Arbeitgebermarke an lokale Gegebenheiten. (Melde, Benz 2014, S.26) Jedes Unternehmen muss für seine Arbeitgebermarke das richtige Verhältnis finden. Wird stärker auf Einheitlichkeit gesetzt oder wird eher maximale Diversität angestrebt? (Lindberg 2017, S.157)

4. Fazit

Wie die vorliegende Arbeit zeigt, ist Employer Branding ein sehr komplexes und wichtiges Thema in der heutigen Welt. Die rasant fortschreitende demografische Entwicklung zwingt Unternehmen dazu,

---

[1] Ein Ansatz für alle Kulturen.

potenzielle Kandidaten durch geeignete Ansprache für sich zu gewinnen. Durch die Entwicklung einer starken Arbeitgebermarke soll es Unternehmen gelingen sich von den Konkurrenten abzuheben, wie auch Werte, die das Unternehmen ausmachen nach außen hin zu kommunizieren. Doch nicht immer reicht die lokale Suche nach passenden Fach- und Führungskräften aus. Vielmehr muss über die Landesgrenzen hinweg gesucht und die Employer Brand internationalisiert werden. Für die Entwicklung einer internationalen Arbeitgebermarke bieten sich diverse Ansätze an. Doch egal für welchen Ansatz man sich entscheidet, wichtig ist, dass die Arbeitgebermarke authentisch ist und zu einem erfolgreichen Employer Branding beiträgt, dass die Mitarbeiterzufriedenheit erhöht, den Wunschkandidaten findet sowie das Recruiting effizienter gestaltet. Um die Frage zu beantworten, wie sich nationale und internationale Arbeitgebermarken unterscheiden, wurden im Rahmen dieser Arbeit die kulturellen Aspekte der jeweiligen Länder aufgegriffen. Was sich bereits im nationalen Kontext als sensibles Thema erweist, ist im internationalen Kontext noch einmal wesentlich schwieriger. Die Spannbreite an Kunden, Einstellungen und Bedürfnissen, die die Arbeitgebermarke abdecken muss, um Talente zu gewinnen, ist bei einem internationalen Auftritt wesentlich größer und komplexer als bei der Entwicklung einer nationalen Employer Brand. Doch auch wenn die internationale Gestaltung einer Arbeitgebermarke kulturelle Herausforderungen mit sich bringt, verspricht eine globale Arbeitgebermarke in Bezug auf den Fachkräftemangel einen größeren Erfolg bei der Rekrutierung, denn mehr Menschen werden durch diese Form der Employer Brand angesprochen.

IV. Literaturverzeichnis

Crosswater Job Guide. (2010): *Zyklisches Modethema oder nachhaltiges Konzept? Kienbaum Communications Umfrage zeigt Stärken und Schwächen des Internationalen Employer Branding auf.* (URL: https://crosswater-job-guide.com/archives/11941/zyklisches-modethema-oder-nachhaltiges-konzept-kienbaum-communications-umfrage-zeigt-starken-und-schwa-chen-des-internationalen-employer-branding-auf/ [letzter Zugriff: 20.10.2021]).

DEBA (2021): *Definition Employer Branding.* (URL: https://www.employerbranding.org/employer-branding [letzter Zugriff: 17.10.2021]).

Fichter, C./Basel, J./Keller, S. (2018): *Kulturelle Unterschiede und interkulturelle Kompetenz.* (URL: https://lehrbuch-psychologie.springer.com/sites/default/files/atoms/files/webex-kurs_fichter_kulturelle_unterschiede_und_interkulturelle_kompetenz.pdf [letzter Zugriff: 16.11.2021]).

Haufe (2021): *Employer Branding.* (URL: https://www.haufe.de/thema/employer-branding/ [letzter Zugriff: 18.11.2021]).

Hofstede, G./ Hofstede, G. J. /Minkov, M. (2017): *Lokales Denken, globales Handeln. Interkulturelle Zusammenarbeit und globales Management.* 6. Auflage, C.H. Beck, München.

Hofstede Insights (2021): *Country Comparison Tool.* (URL: https://www.hofstede-insights.com [letzter Zugriff: 29.10.2021]).

Immerschitt, W./Stumpf, M. (2019): *Employer Branding für KMU. Der Mittelstand als attraktiver Arbeitgeber.* 2. Auflage, Springer Gabler, Wiesbaden.

Kanning, U. (2017): *Personalmarketing, Employer Branding und Mitarbeiterbindung. Forschungsbefunde und Praxistipps aus der Personalpsychologie.* Springer-Verlag, Berlin Heidelberg.

Knabenreich, H. (2014): *Warum absolut jeder Employer Branding betreibt.* (URL: https://www.haufe.de/personal/hr-management/kolumne-recruiting-jeder-betreibt-employer-branding_80_267196.html [letzter Zugriff: 15.11.2021]).

Konschak, B. (2014): *Professionelles Marketing. Die richtigen Mitarbeiter für Ihr Unternehmen ansprechen und gewinnen.* Haufe, Freiburg/München.

Kriegler, W. (2008): *Employer Branding kompakt. Das Praxisheft für alle, die Employer Branding richtig machen, besser nutzen oder neu entdecken wollen.* (URL: https://www.bpm.de/sites/default/files/service_1[1].pdf [letzter Zugriff: 24.10.2021]).

Lindberg, B. (2017): *Zwischen globaler Konsistenz und lokaler Relevanz – der schmale Grad internationaler Markenführung.* In: Baetzgen, A. (Hrsg.): Brand Design: Strategien für die digitale Welt. Schäffer-Poeschel Verlag, Stuttgart.

Lukasczyk, A. (2012): *Internationalisierung von Arbeitgebermarken.* In: DGFP e.V. (Hrsg.): Employer Branding. Die Arbeitgebermarke gestalten und im Personalmarketing umsetzen. Bertelsmann Verlag GmbH & Co. KG, Bielefeld.

Literaturverzeichnis

Melde, A./Benz, M. (2014): *Employer Branding in Wissenschaft und Praxis. Wie mittelständische Unternehmen ihre Arbeitgeberpositionierung internationale erfolgreich gestalten können.* Fraunhofer MOEZ, Leipzig.

Nelke, A./Malte, F. (2018): *Employer Branding. In 30 Minuten wissen sie mehr!* Gabal Verlag GmbH, Offenbach.

Osman, J. (2017): *Internationales Employer Branding. Globale Arbeitgebermarken.* (URL: https://www.agentur-jungesherz.de/blog/internationales-employer-branding/ [letzter Zugriff: 20.10.2021]).

Personalwerk (2021): *Internationale Arbeitgebermarke: Worauf es bei globalem Employer Branding ankommt.* (URL: https://www.personalwerk.de/hr-wissen/glossaruebersicht/internationale-arbeitgebermarke [letzter Zugriff: 22.10.2021]).

Personalwirtschaft (o. J.) (2021): *HR-Lexikon.* (URL: http://webcache.googleusercontent.com/search?q=cache:3UJbPwhZSOAJ:https://www.personalwirtschaft.de/produkte/hr-lexikon/detail/employer-branding.html&client=safari&hl=de&gl=de&strip=0&vwsrc=0 [letzter Zugriff 18.10.2021]).

Roters, J. (2020): *Unternehmenskommunikation. Kulturelle Unterschiede bei der Kommunikation in globalen Unternehmen.* (URL: https://www.business-wissen.de/artikel/unternehmenskommunikation-kulturelle-unterschiede-bei-der-kommunikation-in-globalen-unternehmen/ [letzter Zugriff: 22.10.2021]).

Stotz, W./Wedel-Klein, A. (2013): *Employer Branding. Mit Strategie zum bevorzugten Arbeitgeber.* 2. Auflage, Oldenbourg Verlag.

Towers, I./Peppler, A. (2017): *Geert Hofstede und die Dimensionen einer Kultur.* In: Ternès A./Towers I. (Hrsg.): Interkulturelle Kommunikation. Länderporträts – Kulturunterschiede – Unternehmensbeispiele. Springer Gabler, Wiesbaden.

Walter, B./Kremmel, D. (Hrsg.) (2016): *Employer Brand Management. Arbeitgebermarken aufbauen und steuern.* Springer Fachmedien, Wiesbaden.